Mayenne, Imprimerie Cн. COLIN

LA
FORTUNE DE MER

ÉTUDE

SUR L'ORGANISATION DE LA RESPONSABILITÉ
DES PROPRIÉTAIRES DE NAVIRES

PAR

René VERNEAUX

DOCTEUR EN DROIT

Secrétaire general de l'Association française du Droit maritime
Membre correspondant de l'Académie de législation
de Toulouse

Extrait du *Recueil de Législation*, 2e série, tome II, 1906

TOULOUSE

IMPRIMERIE ET LIBRAIRIE EDOUARD PRIVAT
Librairie de l'Université
14, RUE DES ARTS, 14 (SQUARE DU MUSÉE)

—

1906

LA

FORTUNE DE MER

ÉTUDE

SUR L'ORGANISATION DE LA RESPONSABILITÉ
DES PROPRIÉTAIRES DE NAVIRES

PAR

René VERNEAUX

DOCTEUR EN DROIT

Secrétaire général de l'Association française du Droit maritime,
Membre correspondant de l'Académie de législation
de Toulouse,

Extrait du *Recueil de Législation,* 2e série, tome II, 1906.

TOULOUSE

IMPRIMERIE ET LIBRAIRIE ÉDOUARD PRIVAT
Librairie de l'Université
14, RUE DES ARTS, 14 (SQUARE DU MUSÉE)

1906

LA FORTUNE DE MER

ÉTUDE SUR L'ORGANISATION DE LA RESPONSABILITÉ

DES PROPRIÉTAIRES DE NAVIRES

La fortune de mer en droit français. — Article 216 du Code de commerce. — Modifications apportées par les lois de 1841 et de 1885. — Influence de la loi du 29 décembre 1905.

Le législateur français a donné à juste titre au commerce maritime, dont la prospérité est indispensable à notre pays, des encouragements variés. Ne serait-il pas logique d'ajouter à ces encouragements, qui se traduisent par des sacrifices pécuniaires de l'État, le secours non dispendieux d'une meilleure loi commerciale maritime? C'est ce qui rend particulièrement intéressante l'étude d'une révision générale du livre II du Code de commerce entreprise par l'Association française du droit maritime. Il serait temps assurément de refaire ce monument vieux d'un siècle et seulement modifié dans certains détails. En attendant une réfection d'ensemble, qui sera laborieuse, il paraît opportun de s'attacher à la refonte particulièrement nécessaire d'une des dispositions capitales de notre législation maritime, celle qui organise ce qu'on est convenu d'appeler la fortune de mer. Cette disposition est l'article 216 du Code de commerce.

L'idée qui se trouve à la base de cet article a des origines lointaines qu'on a souvent rappelées, mais qu'on oublie volontiers quand il s'agit d'interpréter ce texte. La source de cette disposition semble se trouver dans le contrat de commande usité au moyen âge et qui lui-même créait une situation rappelant le pécule romain. Les expéditions maritimes donnaient lieu à des commandes de diverses sortes. Un individu pouvait recevoir en commande, d'une part un navire, d'autre part des marchandises ou des capitaux destinés à des spéculations dans telles ou telles régions. Ces contrats renfermaient l'idée d'une responsabilité limitée à une somme ou à une chose mises en risque dans une aventure maritime, idée sous l'influence de laquelle les participants dans la propriété d'un navire, donné ou non en commande, ne furent tenus que sur ce navire et son fret, c'est-à-dire sur cette fortune de mer[1].

Comment est-on parvenu au texte actuel de l'article 216? Quel est le rôle, quelle est la situation de cette disposition dans notre droit actuel? C'est ce que nous rappellerons tout d'abord.

« Les propriétaires de navires, disait l'Ordonnance de 1681 (L. 2, liv. VIII, art. 2), sont responsables des faits du maître; mais ils en demeureront déchargés en abandonnant le bâtiment et le fret. »

L'article primitif du Code de commerce fut ainsi conçu :

« Tout propriétaire de navire est civilement responsable des faits du capitaine pour ce qui est relatif au navire et à l'expédition. La responsabilité cesse par l'abandon du navire et du fret. »

---

1. Cf. *Consulat de la mer*, chap. 141 et 142; Règlement de procédure de Valence; Statut de l'office de Gazarie.

Consulter R. de Sèze. *De la responsabilité des propriétaires de navires;* R. Saleilles, *Étude sur l'histoire des sociétés en commandite*, Annales de droit commercial, 1895; Lyon-Caen et Renault, *Traité de droit commercial*, II, p. 293, et les divers écrits de M. de Valroger, notamment son *Rapport sur l'avant-projet de traité concernant la responsabilité des propriétaires de navires.* (*Bulletin n⁰ 23 de l'Association française du Droit maritime.*)

Il a subi deux remaniements au cours du dix-neuvième siècle, l'un en 1841, l'autre en 1885.

Le premier est intervenu pour mettre fin à la controverse relative à la question de savoir si la disposition première du Code s'appliquait non seulement aux faits illicites du capitaine, mais encore à ses engagements licites. La loi du 14 juin 1841 a consacré la solution affirmative, et l'article 216 s'est trouvé alors ainsi rédigé :

« Tout propriétaire de navire est civilement responsable des faits du capitaine et tenu des engagements contractés par ce dernier pour ce qui est relatif au navire et à l'expédition.

« Il peut, dans tous les cas, s'affranchir des obligations ci-dessus par l'abandon du navire et du fret.

« Toutefois, la faculté de faire abandon n'est point accordée à celui qui est en même temps capitaine et propriétaire ou copropriétaire du navire. Lorsque le capitaine ne sera que copropriétaire, il ne sera responsable des engagements contractés par lui, pour ce qui est relatif au navire et à l'expédition, que dans la proportion de son intérêt. »

Il a été touché, en second lieu, à l'article 216 par la loi du 12 août 1885. Celle-ci a voulu résoudre, dans un sens favorable à l'armement, les difficultés suivantes qui s'étaient élevées entre les armateurs et l'Administration des ponts et chaussées, à l'occasion de sinistres dans les ports.

Lorsqu'un navire coule à fond dans un port ou dans les eaux servant d'accès à un port, cette Administration, qui est chargée de veiller à la conservation et à la police des ports maritimes de commerce, fait enjoindre au propriétaire du navire coulé de procéder à l'extraction de ce bâtiment ou de ses débris. Faute par celui-ci d'obtempérer à cette mise en demeure, elle fait opérer l'extraction d'office et poursuit contre le propriétaire le recouvrement des frais ainsi engagés.

Un propriétaire poursuivi sans ces conditions devant la juridiction administrative (comme ayant commis une contra-

vention de grande voirie), pouvait-il, sous l'empire de l'an-
cien article 216 du Code de commerce, se dire libéré par
l'abandon de l'épave? Des Conseils de préfecture et le Conseil
d'État avaient répondu négativement et des armateurs avaient
eu à payer parfois des sommes importantes pour rembourse-
ment des frais d'extraction. Par suite d'une subtilité de rai-
sonnement, on était arrivé à transformer l'obligation du propriétaire du navire et à faire échec, pour une catégorie de
dommages, au principe de l'article 216. Cette conséquence
était inadmissible, ainsi que M. Alfred de Courcy le fit res-
sortir, soit dans ses écrits, soit dans les discussions qui eurent
lieu, au sein de la Commission nommée en 1873 pour examiner les moyens de venir en aide à la marine marchande.
Sur sa proposition, cette Commission demanda que les dispositions de l'article 216 fussent expressément étendues aux
dépenses d'extraction en cas de naufrage dans un port maritime ou dans les eaux servant d'accès à un port. Ce sont les
vues de cette Commission qui ont servi de base à la disposition de la loi du 12 août 1885, qui a ajouté à l'article 216 les
alinéas suivants :

« En cas de naufrage du navire dans un port de mer ou
havre, dans un port maritime ou dans les eaux qui lui servent
d'accès, comme aussi en cas d'avaries causées aux ouvrages
d'un port, le propriétaire du navire peut se libérer, même
envers l'État, de toute dépense d'extraction ou de réparation,
ainsi que de tous dommages-intérêts, par l'abandon du navire
et du fret des marchandises à bord. »

« La même faculté appartient au capitaine qui est propriétaire ou copropriétaire du navire, à moins qu'il ne soit prouvé
que l'accident a été occasionné par sa faute. »

Le principe de l'addition apportée en 1885 à l'article 216
était excellent. Mais cette addition a fait éclater les inconvénients qu'on rencontre à vouloir faire des additions à des textes
déjà défectueux, au lieu de procéder à une réfection totale.

Le nouvel article 216 donne, dès le premier aspect, l'impression d'un fâcheux rapiéçage.

Tel apparaît aujourd'hui l'article 216. Avant de le critiquer, il est utile de déterminer sa situation actuelle et son rôle dans notre droit maritime. ·

Il s'est formé dans la seconde moitié du dix-neuvième siècle une jurisprudence importante qui a supprimé dans nombre de cas l'intervention de cette disposition : c'est la jurisprudence qui consacre la portée absolue de la clause d'irresponsabilité pour les fautes du capitaine et de l'équipage.

Par suite de cette jurisprudence, le rôle de l'article 216 a été partiellement annulé dans les litiges occasionnés par des dommages causés, soit aux intéressés à la cargaison d'un navire, soit aux passagers, par la faute du capitaine de ce navire.

Par contre, le rôle de cette disposition est devenu considérable dans les litiges nés d'abordages et en ce qui touche les actions des tiers. A la suite du développement de la marine marchande et de l'emploi des navires à vapeur, le risque de collision entre navires est devenu le grand risque maritime. La perte, par un accident de ce genre, d'un paquebot moderne de grand échantillon, de sa cargaison et des vies humaines liées à son sort, serait la ruine de celui qui en serait responsable personnellement. La limitation de la responsabilité devient indispensable pour de tels cas. Dans cet ordre de faits, le rôle de l'article 216 est devenu de plus en plus considérable, et d'autant plus que la loi du 24 mars 1891 est venue atténuer les entraves que les anciens articles 435 et 436 du Code de commerce mettaient à l'exercice des actions pour dommages causés par l'abordage, en permettant de les exercer pendant un an à compter du jour de l'événement.

Il y a lieu d'ajouter, depuis peu, un trait à ce tableau. La responsabilité des accidents professionnels survenus aux individus faisant partie du personnel du navire, personnel inscrit

ou personnel non inscrit, est maintenant en dehors du domaine d'application de l'article 216. La loi sur la caisse de
prévoyance des marins français du 29 décembre 1905, qui a
élevé dans une très large mesure la cotisation des armateurs
à cette caisse, dispose de la manière suivante (art. 11) :

« Par dérogation aux articles 1384 du Code civil et 216 du
Code de commerce, l'armateur ou le propriétaire du navire
est affranchi de la responsabilité civile des fautes du capitaine
et de l'équipage. »

Cette disposition[1], qui met fin aux controverses qu'avait
fait naître l'article 11 de la loi du 21 avril 1898[2], a un effet
intéressant à signaler ici. La fortune de mer se trouve affran-
chie de toute une catégorie d'actions. Une classe de créanciers, qui venait sur elle en concurrence avec les autres, dispa-
raît. Le gage devient par suite plus considérable pour les
autres créanciers, s'il est sauvé.

§ 2.

Comment on a interprété l'article 216 du Code de commerce.
Inconvénients de cette interprétation.

Comment interpréter cet article 216, qui, après les modifications qu'il a subies, se présente dans notre droit maritime
avec l'aspect et le rôle qui viennent d'être indiqués ? Si l'on

---

1. Cette disposition est conforme à la proposition formulée par la Commission de l'Association française du droit maritime, qui avait examiné
la matière. (V. rapport de M. Paul de Valroger, *Bulletin n° 25 de l'Association.*) Toutefois, le texte de cette Commission ne visait que l'article 216
et non l'article 1384.

2. V. *De la responsabilité civile des armateurs à propos d'accidents
causés à des personnes de l'équipage*, etc., par O. Marais (*Bulletin n° 24
de l'Association française du droit maritime*). V., sur cette étude, la
notice de M. Fraissaingea, *Recueil de législation de Toulouse*, 1905,
p. 436.

ne consultait que son origine, on serait porté à y voir une construction toute spéciale. Mais les commentateurs ont voulu, en général, encadrer cet article de la manière suivante dans les dispositions générales relatives au mandat et à la préposition.

Le premier alinéa dispose que « tout propriétaire de navire est civilement responsable des faits du capitaine et tenu des engagements contractés par ce dernier pour ce qui est relatif au navire et à l'expédition ». C'est comme mandant, dit-on, que ce propriétaire est tenu, et tenu sur tous ses biens en principe, des engagements licites du capitaine ; il y a là une application des règles générales du mandat (art. 1998 du Code civil). D'autre part, c'est en tant que commettant qu'il est responsable des dommages causés par les délits ou quasi-délits du capitaine ; il y a là une application de l'article 1384 3º du Code civil.

Après avoir fait, dans son premier alinéa, une double référence au droit commun, l'article 216 apporterait à ce même droit une dérogation exorbitante en permettant au propriétaire de s'affranchir « des obligations ci-dessus » par l'abandon du navire et du fret. Par suite, cette dérogation comporterait l'interprétation la plus restrictive et la « faculté d'abandon » devrait être renfermée dans les limites les plus étroites.

Cette interprétation donne lieu à des difficultés extrêmement nombreuses, soit en théorie, soit en pratique. On se demande comment et jusqu'à quel moment on peut exercer cette « faculté d'abandon » ; quels sont les actes qui entraînent renonciation à ce « privilège » ; comment il faut appliquer la loi quand il y a plusieurs propriétaires, ou quand les qualités d'armateur et de propriétaire sont séparées, ou encore quand l'abandon n'est pas fait à tous les créanciers. On se pose aussi la question de savoir si l'abandon est « translatif de propriété » et on se trouve en présence des problèmes étranges que fait naître la solution affirmative.

Par exemple, est-il admissible que des créanciers bénéficient
d'une valeur supérieure au montant de leur créance? Comment comprendre cette propriété attribuée à des centaines de
créanciers de divers pays? Est-il possible que les créanciers
exploitent le navire abandonné?

· Avec l'interprétation qui vient d'être rappelée, l'article 216
laisse donc place à des incertitudes et à des difficultés qui sont
particulièrement graves en fait, parce qu'elles tendent à paralyser, à la suite d'un sinistre, les initiatives qui devraient être
prises dans l'intérêt général. La crainte d'être déchu de la
faculté d'abandon, pour employer le langage courant, et
d'être tenu sur tous ses biens, fait souvent hésiter l'armateur
et entrave son action utile. Il y a là une situation déplorable.

Cette interprétation, d'autre part, présente une antinomie
flagrante avec la jurisprudence à laquelle il a déjà été fait
allusion et qui, depuis environ quarante ans, reconnaît la validité de la clause par laquelle le propriétaire de navire convient qu'il ne répondra pas des fautes du capitaine. Les responsabilités qui découlent de l'article 1384 du Code civil sont
d'ordre public, d'après la jurisprudence, et la convention est
impuissante à les éliminer. Comment concilier ces deux ordres
de jurisprudence, si la responsabilité du propriétaire du
navire existe en vertu de l'article 1384?

Il y a dans l'article 216 une disposition à amender; mais
n'y a-t-il pas aussi, à son sujet, une interprétation à réformer? C'est ce que nous nous proposons d'examiner, après avoir
jeté un coup d'œil hors de France.

§ 3.

La fortune de mer dans le droit allemand. — Mouvement des idées quant à la responsabilité des propriétaires de navires.

Tandis que l'armement français est victime de l'insuffisance et de l'obscurité d'une disposition capitale du Code de commerce, l'armement allemand jouit d'un régime qui est issu aussi de l'idée d'une fortune de mer séparée, mais qui est infiniment préférable. En Allemagne, la fortune de mer est nettement distincte de la fortune de terre et elle constitue un patrimoine d'exécution qui forme le gage sur lequel les créanciers du navire exécutent leur créance. Il y a là une notion très simple et d'une application satisfaisante[1]. Il n'a pas été jugé nécessaire de transformer le navire en être moral. La loi ne peut-elle pas déclarer que tels biens, affectés à telle exploitation, seront les seuls sur lesquelles seront payées les créances nées à l'occasion de cette exploitation?

[1]. L'article 486 du Code de commerce, promulgué en 1897, est ainsi conçu :

« L'armateur ne répond pas sur ses biens personnels, mais seulement sur le navire et le fret :

« 1º De l'obligation résultant d'un acte juridique conclu par le capitaine en cette qualité, en vertu de sa capacité légale et sans mandat spécial;

« 2º De l'obligation résultant de l'inexécution, de l'exécution incomplète ou défectueuse d'une convention conclue par l'armateur, pour autant que l'exécution de cette convention rentre dans les attributions du capitaine, et sans qu'on ait à distinguer si l'inexécution ou l'exécution incomplète ou défectueuse est imputable à une personne faisant ou non partie de l'équipage;

« 3º De l'obligation résultant d'une faute d'une personne de l'équipage.

« Cette disposition ne reçoit aucune application au cas des nos 1 et 2, lorsque l'armateur a commis lui-même une faute dans l'exécution du contrat, ou lorsqu'il a spécialement garanti cette exécution. »

Du code allemand, on peut rapprocher les trois codes suédois, danois, norvégien (art. 7).

C'est ce que fait sagement la loi commerciale allemande,
et, en faisant cela, a-t-elle créé au profit des armateurs une
situation privilégiée par rapport au droit commun? Le langage tenu en France quand on parle de la situation des armateurs est-il de mise en Allemagne? Nullement. D'après le
Code civil allemand (du 18 avril 1896, §§ 278 et 831), la responsabilité du maître ou commettant cesse, soit pour l'exécution de ses obligations contractuelles, soit en ce qui touche
les dommages causés aux tiers par le préposé, s'il prouve
qu'il a apporté dans le choix et la direction de celui-ci la
prudence ou les soins voulus ou lorsqu'il est établi que cette
prudence et ces soins n'auraient pu empêcher le dommage.
Dans ces conditions, si le droit maritime régissant la responsabilité de l'armateur apparaît comme exceptionnel, ce n'est
plus dans le sens d'une atténuation de la responsabilité de
droit commun, mais plutôt comme une aggravation. Dans un
but d'utilité publique, on a affecté le navire et le fret à la
garantie des actes du capitaine. C'est une affectation qui
ajoute une garantie à la responsabilité de droit commun. En
Allemagne, le langage tenu en France à l'occasion de la pré-
tendue faveur faite à l'armement par la limitation de la responsabilité au navire et au fret serait un véritable contresens.

Ce sont des idées analogues qu'un jurisconsulte danois,
M. Hindenburg, a proclamées dans les conférences du Comité
maritime international. D'après lui, on ne saurait parler de
faveur ou de privilège quand l'œuvre du législateur consiste,
non à restreindre une responsabilité préexistante, mais à
créer de toutes pièces une responsabilité à la charge d'une
personne innocente.

Toutefois, pour M. Hindenburg, une certaine responsabilité du propriétaire du navire se justifie parce qu'il a en-
trepris l'aventure, et il est admissible qu'il supporte une
partie du risque, à condition qu'il n'en soit pas chargé outre
mesure.

D'autres jurisconsultes ont été plus loin. C'est ainsi que M. Gütschow, secrétaire de la Chambre de commerce et de l'Union des Armateurs de Hambourg, a proposé la suppression pure et simple de la responsabilité des armateurs pour fait d'abordage[1]. Son argumentation est à retenir. L'ordre public ne commande pas cette responsabilité. L'équité n'exige pas non plus qu'on l'érige en principe, sous ce prétexte que celui-là doit assumer tous les risques qui a tous les profits : en effet, ceux qui exposent leurs personnes ou leurs biens sur mer acceptent sciemment le risque maritime. D'ailleurs, la responsabilité des armateurs n'est point, comme on le suppose parfois, la garantie la meilleure de la sécurité de la navigation : cette garantie se trouve bien plutôt dans les mobiles réels qui incitent les capitaines à faire leur devoir et à être diligents, à savoir le sentiment de l'honneur, poussé souvent jusqu'à l'héroïsme, le souci de la conservation de la vie ou de la position, ou enfin la crainte des poursuites pénales. A ces mobiles, que peut ajouter le souci d'éviter une perte aux collectivités d'assureurs entre lesquels se répartit le risque maritime et entre lesquels se font les balances finales?

Si M. Gütschow a été suivi par quelques personnes[2], sa théorie n'a pas été admise en général. Spécialement, le Comité maritime international, auquel il l'avait proposée en 1902, à la conférence de Hambourg, l'a rejetée. Il a paru impossible de rompre aussi délibérément avec une tradition

---

1. *Die Beseitigung der Haftung der Rheders für Collisions-Schäden* (Hambourg, L. Friedrichsen et Cᵒ). V. résumé des idées de M. Gütschow dans la *Revue internationale du droit maritime*, XVII, p. 649 et suiv., par M. Wauters.

2. Il a été suivi notamment par M. W. A. Williams, de la Standard Marine Insurance Company, qui, à la conférence de Liverpool (juin 1906), a proposé également la suppression de toute responsabilité pour les dommages matériels causés par abordage. (V. *Bulletin nᵒ 12 du Comité maritime international*, p. 154.)

universelle et ancienne, qui n'a peut-être pas perdu toute raison d'être. Quoi qu'il en soit, il était intéressant de rappeler cette appréciation d'un esprit allemand dans le mouvement des idées relatif à la matière qui nous occupe.

Ce qui paraît certain, c'est que l'ordre public n'est pas intéressé à ce que les armateurs soient responsables des sinistres causés par la faute des capitaines : autrement on ne verrait pas tous les pays admettre que les armateurs soient déchargés de cette responsabilité à l'égard des contractants. Aux États-Unis, c'est la loi elle-même (loi de 1893, *Harter Act*) qui déclare que l'armateur n'est pas responsable des pertes ou dommages résultant de fautes dans la conduite ou l'administration (*management*) du navire. Dans les autres pays, c'est la jurisprudence qui consacre la validité des clauses d'exonération de la même responsabilité. Il y a là, dans l'universalité de l'irresponsabilité des propriétaires de navires à l'égard des cargaisons, un fait capital, qu'il est impossible de négliger dans toute discussion sur notre matière. Quelles que soient les théories en présence, on est obligé de s'incliner devant cette grande règle de droit ou de fait : pour les cargaisons transportées, le risque des fautes du capitaine est passé des armateurs à ces cargaisons elles-mêmes, qui en conservent la charge. Il devient impossible d'affirmer que, s'ils le conservent quand ces fautes causent des dommages à des tiers, ce soit en vertu d'un principe d'ordre public.

Il nous a paru nécessaire d'indiquer ces idées avant d'aborder la critique de l'article 216 de notre Code de commerce. En face de cette disposition, nous avons placé immédiatement la loi allemande et, aux commentaires auxquels elle a donné lieu sur la base de la responsabilité qu'elle pose, nous avons opposé un mouvement d'idées important auquel on doit, à notre avis, accorder attention, non seulement pour conclure que la loi française doit être amendée sur ce point, mais encore pour se départir, en attendant,

de la méthode restrictive employée pour l'interprétation et
l'explication de l'article 216.

§ 4.

Observations sur l'interprétation de l'article 216
du Code de commerce.

Il semble qu'il soit possible d'éviter dès maintenant une
partie des inconvénients de l'article 216 du Code de commerce, en cessant de dire que son premier alinéa est un rap-
pel du droit commun, son second alinéa une dérogation à ce
droit, et en considérant qu'il forme dans son ensemble une
détermination spéciale des risques, une organisation de la
fortune de mer non soumise à interprétation restrictive.

Est-ce bien en vertu d'un mandat que le propriétaire du
navire est tenu des engagements licites contractés par le capitaine dans la sphère de ses attributions? Il ne choisit pas
librement le capitaine, puisqu'il est tenu de le prendre dans
la catégorie restreinte des personnes pourvues de brevet.
Cette circonstance n'est peut-être pas de nature, à elle seule,
à faire écarter l'idée de mandat. Mais voici une autre particu-
larité de la situation. Le propriétaire peut se trouver tenu,
sans qu'il y ait aucun choix de sa part. Ce peut être, en effet,
sans son intervention et à son insu que le capitaine est placé
au poste de commandant du navire. C'est ce qui se produit
dans les cas suivants. Le capitaine meurt en cours de route;
le second est lui-même malade ou frappé de mort. Un nouveau capitaine est choisi par le consul ou par le commandant
de la station navale. En second lieu, le navire peut être loué
sans être équipé à une personne qui deviendrait l'armateur et
choisirait le capitaine. Dans ces deux cas, le propriétaire n'en
est pas moins tenu comme tel. Il en est de même dans le cas
où, le navire étant vendu, un nouveau capitaine est choisi

par l'acheteur avant l'accomplissement des formalités de mutation en douane ; resté propriétaire à l'égard des tiers, le vendeur peut être recherché par eux en vertu de l'article 216. N'est-ce pas la démonstration que le propriétaire n'est tenu, en vertu de cette disposition, que comme propriétaire.

D'autre part, est-ce en vertu d'une responsabilité civile de préposant que le propriétaire du navire se trouve tenu des dommages causés par les faits illicites du capitaine? Il est difficile de l'admettre, si l'on considère que cette dernière est basée sur la présomption d'une faute dans le choix du préposé ou d'une négligence dans l'exercice de l'autorité. La responsabilité du propriétaire existe, même quand il n'a pas choisi le capitaine. Elle existe encore, quand le capitaine a commis une négligence ou une erreur dans l'exercice de son commandement nautique, c'est-à-dire dans des cas où son autorité est exclusive de toute autre. Elle existe pareillement, quand la faute est commise par un pilote obligatoire qui n'a même pas été choisi par le capitaine.

Dans ces conditions, il semble bien que l'on ne puisse voir dans le premier alinéa de l'article 216 une référence au droit commun du mandat et de la préposition et, dans le second, une exception, un privilège exorbitant. Faut-il parler d'abord d'un principe de responsabilité personnelle indéfinie, quand la loi fait dériver le risque du seul fait de la propriété, le ramène à la propriété et l'y ramasse? La responsabilité a, dans le patrimoine exposé en aventure maritime, à la fois son origine et sa limite. Les créanciers dont la créance se rattache à cette aventure ont pour gage exclusif ce patrimoine. Dès lors, ne sommes-nous pas en présence d'une fortune de mer qui ressemble singulièrement à celle du droit allemand, si bien qu'en somme le droit allemand ne serait qu'une expres-

1. Cf. la note de M. Lyon-Caen sous l'arrêt de la Cour de Cassation du 23 juin 1896 (P. 1898, I, 209).

sion plus parfaite d'une même notion de la fortune de mer, et n'est-il pas légitime d'orienter l'interprétation de l'expression imparfaite qu'on trouve dans le Code français vers cette expression plus parfaite? N'est-il pas légitime de dire, même chez nous, que le propriétaire de navire n'est tenu des faits et actes du capitaine que sur le navire et le fret, constitués en patrimoine d'exécution?

M. Fraissaingea, dans la notice qu'il a bien voulu présenter à l'Académie de législation au sujet d'un ouvrage où nous émettions quelques-unes de ces idées [1], a indiqué que, si les faits énoncés plus haut étaient certains, la conclusion qui en était tirée était problématique. Il objecte que du seul fait de la propriété peut résulter, en dehors d'une faute, une responsabilité personnelle, et il cite deux textes qui fourniraient des exemples de responsabilité personnelle attachée à la propriété. L'un de ces textes est l'article 297 du Code de commerce, qui rend le capitaine responsable « des dommages-intérêts de l'affréteur », si le navire est hors d'état de naviguer, alors même qu'il aurait été dans l'impossibilité de connaître cet état. L'autre est l'article 1386 du Code civil.

L'article 297 du Code de commerce fournit-il un exemple topique? D'abord, il parle du capitaine et non du propriétaire du navire. Ensuite, c'est une disposition relative au contrat d'affrétement, et la responsabilité qu'il édicte en cas de mauvais état du navire est une responsabilité dérivant d'une garantie *contractuelle* présumée. Est-il légitime d'en faire état dans le débat présent? C'est fort douteux.

Le second texte cité par M. Fraissaingea est l'article 1386 du Code civil, d'après lequel le propriétaire d'un immeuble bâti est responsable du dommage causé par sa ruine, quand

---

1. *L'industrie des transports maritimes au dix-neuvième siècle et au commencement du vingtième siècle* (Paris, Pedone, 1903). — V. notice de M. Fraissaingea, *Recueil de l'Académie de législation*, 1903, p. 382 et suiv.

elle est arrivée par suite du défaut d'entretien ou par le vice de sa construction. Lorsque l'existence de l'une de ces conditions est prouvée, le propriétaire est condamné à la réparation du dommage, sans pouvoir se disculper en alléguant qu'il ignorait le mauvais état de sa chose et qu'il n'a pas été en son pouvoir d'en empêcher la ruine. Il y aurait là une responsabilité personnelle dérivant de la seule qualité de propriétaire.

Cette disposition est, en effet, plus que l'article 297 du Code de commerce, intéressante à rappeler. Elle crée une responsabilité de droit commun pour les propriétaires d'immeubles à l'égard des tiers, et des jurisconsultes en ont tiré un parti considérable pour étayer la théorie de la responsabilité du fait des choses. Mais en quoi l'exemple fourni par elle infirme-t-il ce que nous avons dit plus haut, à savoir que l'article 216 du Code de commerce ne contient pas, dans son premier alinéa, une application du droit commun et, dans son second, une dérogation au droit commun? En parlant du droit commun, nous pouvons parler aussi bien de celui de l'article 1386 que de celui de l'article 1384. Nous ne sommes pas ici dans le domaine d'application de l'article 1386. Nous ne sommes pas non plus dans celui de l'article 1384 en tant qu'il vise les choses que l'on a sous sa garde. C'est ce qu'a reconnu la Cour de cassation dans son arrêt du 2 avril 1901 [1], déclarant que l'armateur contre lequel on ne relève aucun fait personnel « ne saurait être tenu des vices cachés de son navire, chose essentiellement mobilière, et qu'il n'avait point, en tous cas, sous sa garde ». Si l'on n'est pas non plus dans le domaine d'application du droit commun de l'article 1384, en tant qu'il vise la responsabilité des maîtres et commettants, il faut bien conclure que l'on se trouve ici en présence d'un droit spécial qui, justement parce qu'il est spécial, n'est pas une dérogation au droit commun.

---

1. *Revue intern. du Dr. mar.*, XVII, p. 5.

Il reste, il faut le reconnaître, la difficulté tirée des termes mêmes de l'article 216 : « Tout propriétaire de navire est civilement responsable, etc. » Ce texte doit-il lier impérieusement le commentateur ? Nous ne le croyons pas. Tout d'abord on remarquera que les expressions actuelles sont le résultat d'additions successives et que le texte de l'Ordonnance était beaucoup plus énergique et plus concis : « Les propriétaires de navires sont responsables des faits du maître, mais ils en demeureront déchargés en abandonnant le bâtiment et le fret. » C'est le Code de 1807 qui a ajouté le mot « civilement » au mot « responsable », et c'est la loi de 1841 qui a pour la première fois parlé de faculté d'abandon. Le texte originaire nous donne simplement l'affirmation d'une responsabilité dont on demeure déchargé en abandonnant le bâtiment et le fret. Or, si l'on se réfère au Code allemand, qui admet le système de la fortune de mer organisé en patrimoine d'exécution, que voit-on ? L'article 485 commence par dire : « L'armateur est responsable du dommage qu'une personne de l'équipage cause par sa faute à un tiers dans l'accomplissement de son service. » Et l'article 486 ajoute que l'armateur ne répond pas sur ses biens personnels, mais seulement sur le navire et le fret, et... 1°..., 2°..., 3°... » Il y a dans le premier de ces articles une disposition qui correspond en quelque manière au premier alinéa de notre article 216. Elle n'empêche nullement l'organisation ultérieure du patrimoine d'exécution.

Aussi bien, puisque l'on veut s'attacher au texte, pourrait-on tirer du texte même adopté en 1841 un argument contraire à la doctrine qui veut voir ici une application des règles du mandat. Il est énoncé que le propriétaire est tenu des engagements contractés « par le capitaine ». Or, on ne saurait dire que le mandataire ordinaire contracte un engagement, puisque sa personnalité est juridiquement absente dans les relations entre le mandant et l'autre partie.

Mais il vaut mieux laisser toutes ces minuties et aller au fond des choses, en remarquant, comme a fait M. de Sèze[1], que la loi présente un autre exemple de formule dont les termes sont à tort renversés. Reproduisons avec lui ce passage de Loyseau relatif au renversement qui s'est produit à propos de l'action en délaissement à laquelle est exposé le tiers détenteur de l'immeuble hypothéqué.

« Aucuns ont été si scrupuleux qu'ils ont pensé qu'en formant la demande contre un tiers détempteur, il fallait réserver cette faculté que la loi luy donne de s'exempter du délaissement en payant la dette, et, partant, qu'il fallait conclure conditionnellement contre luy à délaisser la chose, si mieux il n'aimait payer, ou bien, alternativement, à délaisser ou à payer... Et d'autant que l'expression de cette alternative ne pouvait nuire, on l'a non seulement tolérée, mais aussi accoutumée et quasi requise comme nécessaire pour ce que chacun a voulu user de la forme la plus sûre et éviter toute difficulté... Mais encore, comme la pratique de la France a été conduite par des gens qui ignoraient le droit, et qui ne sçavaient ny la source, ny pareillement la forme de cette alternative, on a par succession de temps prépostéré et renversé les deux parties de cette alternative, et on a conclu à ce que le détempteur fust condamné hypothécairement à payer la dette, ou, à tout le moins, à délaisser l'héritage par hypothèque, mettant, comme on l'a dit, la charrue avant les bœufs, et, par un simple ὑπερον προτερον de grammaire, préposant ce qui est *en la simple* faculté à ce qui est *en l'obligation*. Et encore cette erreur a passé plus outre en aucuns lieux, où seulement on conclut contre un tiers détempteur à payer hypothécairement, sans exprimer qu'il puisse quitter l'héritage, bien qu'on l'entende toujours[2]... »

1. *Loc. cit.*
2. Loyseau, *Traité du déguerpissement et délaissement par hypothèque.*

De l'habitude d'une formule vicieuse est résulté, dans le Code civil, un texte défectueux : l'article 2168 déclare que le tiers détenteur est tenu de payer ou de délaisser, alors qu'il n'y a pas obligation alternative, mais obligation simple, délaisser, accompagnée d'une simple faculté de payer.

Il en est de même, dit notre auteur, en ce qui touche le propriétaire de navire. L'article 216 du Code de commerce contient une formule analogue à celle de l'article 2168 du Code civil. La loi parle d'abord de la responsabilité du propriétaire, et, en second lieu seulement, de la faculté qu'il a de s'en affranchir en faisant abandon du navire. Ce serait là une formule impropre empruntée à la pratique.

Sans attacher une importance exagérée à cet exemple de rédaction défectueuse, il est bon néanmoins de la retenir et de s'en autoriser pour aboutir à une interprétation rationnelle des termes de l'article 216.

M. Fraissaingea s'associe à la pensée exprimée par M. Lyon-Caen dans cette phrase : « La vérité est qu'en matière maritime le législateur a adopté, en ce qui concerne la responsabilité du propriétaire de navire, un principe qui n'est pas une application pure et simple de l'article 1384 du Code civil. » Il nous semble que l'interprète peut aller un peu plus loin et conclure à l'illégitimité de l'interprétation systématiquement restrictive dont nous avons signalé les inconvénients. Pourquoi ne pas reconnaître que les raisons d'être des responsabilités civiles de droit commun font ici défaut et qu'on se trouve en dehors de leur sphère? Pourquoi ne pas admettre que l'article 216, en tant qu'il constitue le navire et le fret en fortune de mer séparée de la fortune de terre, forme, dans une autre sphère, un droit commun maritime qu'il n'y a pas à appliquer restrictivement, mais qu'il convient d'appliquer « dans tous les cas » comme dit le texte?

§ 5.

Controverses particutières : I. La limitation de la respon-
sabilité à la fortune de mer dans les rapports des trans-
porteurs maritimes avec l'Etat. — II. Faut-il comprendre
dans le fret qui forme le gage des créanciers les primes à
l'armement (ou les subventions postales)?

La solution de nombreuses controverses dépendra de
l'adoption ou du rejet de cette interprétation. Nous nous
attacherons ici à deux points seulement, où apparaîtront les
inconvénients ou les injustices de l'interprétation contraire.

I. Une Compagnie de transports maritimes a fait avec
l'État un marché qui l'oblige à transporter soit les fonds du
trésor public, soit les envois des départements ministériels.
Si le contrat est muet sur l'étendue de la responsabilité en
cas de sinistre dû à une faute du capitaine, l'armateur sera-t-il
responsable personnellement, ou seulement sur le navire et le
fret en vertu de l'article 216? D'après notre interprétation, il
faut, dans le silence du contrat, conclure à l'application de
l'article 216, parce qu'il forme le droit commun maritime et
constitue véritablement la charte des exploitations maritimes.

Au contraire, le Conseil d'État a rendu plusieurs décisions
qui refusent au propriétaire de navire la faculté de se libérer
envers l'Etat en invoquant l'article 216, si ce texte n'est pas
visé expressément dans le marché (Cons. d'État, 8 mai
1874; S. 76, 3, 93; — Cons. d'État, 10 novembre 1887; Autran, III, 525, pour le transport d'effets militaires; — Cons.
d'État, 4 mars 1904; Autran, XX, p. 836).

Parlant de l'arrêt du 4 mars 1904 du Conseil d'État,
M. Lyon-Caen dit justement[1] : « Cette solution est très

1. *Revue critique,* 1905, p. 513.

critiquable et le seul motif donné pour la justifier est vraiment d'une très grande faiblesse. Que dit le Conseil d'Etat?
La convention concernant le service postal entre Marseille et
la côte occidentale d'Afrique est d'une nature spéciale à
laquelle l'article 216 du Code de commerce qui consacre le
principe de la faculté d'abandon n'est pas applicable. Il y a
là une affirmation sans preuve. Elle semble impliquer une
singulière méconnaissance de la portée de l'article 216 du
Code de commerce. Cette disposition admet au profit du
propriétaire de navire la faculté d'abandon, non pas pour
certaines obligations, mais pour toutes les obligations dont
le propriétaire est tenu à raison des faits et des actes du capitaine. Aussi, pour que cette faculté existe, il n'est pas
nécessaire que le cas soit prévu, il faut qu'il ne soit pas
exclu, soit par un texte, soit par les principes généraux. On
chercherait vainement un texte ou un principe qui écarte la
faculté d'abandon lorsqu'il s'agit d'un propriétaire de navire
tenu envers l'État à raison des fautes du capitaine. »

Ce qui est au fond des décisions du Conseil d'État ainsi
critiquées, c'est probablement cette idée que le second alinéa
de l'article 216 contient, par rapport au droit commun, une
dérogation exorbitante qui doit être appliquée de la manière
la plus restrictive. C'est là un fondement d'interprétation
complètement erroné. Une notion plus exacte de la fortune
de mer aurait fait reconnaître au Conseil d'État qu'il n'avait
pas à tenir compte du droit commun relatif aux obligations
indéfinies du transporteur terrestre, et qu'il se trouvait en
présence d'une responsabilité limitée, *ipso facto* et nécessai-
rement, au patrimoine constitué par le navire et le fret, aussi
bien que si le contractant eût été une société anonyme n'ayant
pour tout actif que ce navire et ce fret.

Dans cette dernière hypothèse, faire peser une responsabilité indéfinie sur les associés eût été la négation du droit
commercial des sociétés. De même, dans les cas qui nous

occupent, les décisions du Conseil d'État sont la négation du droit maritime. C'est une de ces conséquences excessives qui montrent justement les vices de l'interprétation de l'article 216 du Code de commerce que nous avons combattue.

II. Une autre difficulté contribuera à montrer les défauts de cette même interprétation et de l'inanité des solutions qu'on base sur elle. Il s'agit de la question de savoir si les primes à l'armement et les subventions postales doivent être comprises dans le fret à abandonner.

En ce qui touche les primes, M. Alfred de Courcy[1] a répondu autrefois affirmativement, en se plaçant sous l'empire de cette idée, que « l'abandon libératoire » est « une faculté extraordinaire, une exception, une infraction même aux principes généraux du droit commun », « un privilège qui a paru exorbitant à bien des jurisconsultes ». Il ajoutait : « Il est clair qu'un tel privilège n'existe que par la loi et selon l'esprit de la loi. Il ne peut pas être étendu, et, s'il y avait des doutes, l'interprétation devrait incliner à la sévérité restrictive du privilège. » Il concluait que l'armateur ne pourrait garder dans sa fortune de terre la prime que le capitaine lui a fait gagner « en naviguant et à raison du nombre de jours de sa navigation ».

Cette solution a été adoptée également par MM. Lyon-Caen et Renault[2]. Les éminents auteurs la justifient brièvement dans les termes suivants : « Les primes sont des fruits civils du navire, des bénéfices que la navigation fait réaliser à l'armateur. Il serait contraire à l'esprit de la loi et à l'équité de les laisser conserver à celui qui fait l'abandon. Cela apparaît surtout dans le cas où il n'y a pas de fret, par suite de la perte des marchandises (art. 302 C. com.), et où le navire, étant réduit à l'état de débris, n'a aucune valeur. Alors, en effet, que comprendrait en réalité l'abandon, si le proprié-

---

1. *Questions de Droit maritime*, II, p. 87.
2. *Traité de Droit commercial*, V, n° 246.

taire du navire pouvait conserver pour lui les primes à la navigation? »

MM. Lyon-Caen et Renault n'ajoutent rien de plus sur cette question. Ils n'ont pas cru devoir développer l'argumentation qui appuie la solution. Or, on est fondé, croyons-nous, à ne pas s'en tenir à la raison qui consiste à dire que, dans certains cas, si la prime n'était pas comprise dans l'abandon, l'abandon ne comprendrait rien. Il est bien certain, en effet, que l'abandon peut ne rien comprendre. En réalité, n'y aurait-il pas encore ici l'influence de l'idée exprimée par M. de Courcy, à savoir qu'il faut interpréter restrictivement, dans les cas où il y a doute, « la faculté d'abandon », et prendre la solution la moins favorable à la fortune de terre?

Si l'on admet avec nous que ce point de départ est inexact et que la séparation de fortune de mer n'est point le résultat d'un privilège exorbitant, il convient de chercher en toute liberté si la prime à la navigation, encouragement qui n'était nullement dans les prévisions du législateur de 1807, est vraiment une sorte de fret à comprendre dans la fortune de mer.

A cet effet, on est obligé de se référer à chacune des lois qui ont institué successivement des primes à l'armement et d'analyser ces encouragements. D'après la loi du 29 janvier 1881, la prime à la navigation faisait, pour partie, fonction de prime à la construction puisqu'elle n'était allouée en entier qu'aux navires de construction française. Les navires de construction étrangère recevaient seulement la demi-prime. Ainsi, la prime était destinée à faire face à l'excédent du coût de la construction française, et d'autre part, elle était destinée à compenser les charges spéciales de l'armement français, notamment celle qui résulte de l'obligation d'avoir un équipage composé de Français pour les trois quarts. Ces éléments divers compris dans la prime étaient-ils de nature à être assimilés au fret? Non. Tout d'abord, la partie de la prime qui n'était que la restitution fractionnée de l'excédent de prix payé aux constructeurs français répugne certainement à cette assimilation. Le législateur aurait pu, dès cette époque, recourir à la combinaison à laquelle il est arrivé depuis, dans la loi du 19 avril 1906, c'est-à-dire payer directement au constructeur une allocation lui permettant de construire à des prix sensiblement égaux à ceux des chantiers étrangers. Alors, aucune discussion dans l'ordre d'idées qui nous occupe n'eût été possible. La combinaison à laquelle il a eu recours en 1881 ne doit rien changer au fond des choses. Quant à la portion de la prime qui devait faire face aux charges spéciales de l'armement français, elle n'était pas non plus assimilable au fret : primitivement, la Commission de 1873, dont le travail a été l'origine du système des primes, avait proposé une prime calculée à raison de 1 franc par homme de l'inscription maritime faisant partie de l'équipage et par jour d'embarquement. Une telle allocation n'eût pas été évidemment une sorte de fret. Plus tard, à la suite de nouveaux travaux et de la discussion parlementaire, on est arrivé à la formule de la prime unique à double rôle, qui est inscrite dans la loi de 1881, et qui a été calculée par tonneaux de jauge nette et par mille milles parcourus. Le mode de calcul adopté ne devait pas avoir pour conséquence de transformer la prime en fret. Compensation plus ou moins exacte des charges des entreprises maritimes françaises, cette allocation était bien proportionnelle aux milles parcourus, mais n'était point une rémunération d'un transport, sauf peut-être pour ce qui correspondait à l'obligation de transporter gratuitement les correspondances postales (et les agents des postes chargés de les accompagner). D'après l'arrêté des consuls du 19 germinal an X, les navires de commerce doivent transporter les correspondances moyennant une rétribution d'un décime par lettre ou paquet. Un décret du 12 juillet 1856 a ensuite prévu une rétribution de 1 franc par kilogramme ou

1 centime par décagramme de journaux ou autres imprimés. Si l'on avait essayé de faire une ventilation dans les éléments de la prime de navigation de la loi de 1881, le seul élément susceptible d'être dégagé comme fret aurait été celui-là (avec le coût des passages des agents), dans les cas rares de correspondances postales confiées à des navires à primes.

D'après la loi du 30 janvier 1893, toute prime aux navires de construction étrangère ayant été supprimée et les navires de construction française ayant seuls été dotés de la qualité d'acquéreurs de primes à la navigation, ces primes ont fait fonction de primes à la construction française pour leur totalité, sauf l'effet de la concurrence entre chantiers français. Les observations qui précèdent conservent leur force et même en ont une plus grande pour les primes allouées en vertu de la loi du 30 janvier 1893.

A cette loi a succédé celle du 7 avril 1902, qui continue à lier les intérêts de la construction et ceux de l'armement, mais qui le fait différemment, selon qu'il s'agit de vapeurs ou de voiliers. En ce qui touche ces derniers, il n'y a toujours qu'une allocation, la prime de navigation, accordée seulement aux voiliers construits en France. Pour les vapeurs, il y a deux sortes d'allocations : la prime de navigation, allouée aux navires de construction française, et qui est toujours calculée par tonne de jauge brute et par mille milles parcourus, et la compensation d'armement, fixée par jour d'armement administratif. Ainsi la loi de 1902 conserve, dans son principe, le système des lois antérieures en le combinant, pour les vapeurs seulement, avec l'invention de la compensation d'armement. L'allocation dite prime de navigation fait encore fonction de prime à la construction française, mais en subissant dans ce rôle, outre l'effet de la concurrence entre chantiers, la réaction de la compensation d'armement quand il s'agit des vapeurs, en ne la subissant pas quand il s'agit des voiliers. D'ailleurs, ces allocations comportent des déductions qui s'élèvent à 11 %, en faveur des inscrits maritimes ou des institutions maritimes. Les sommes acquises pour l'armement, en vertu de cette loi compliquée, répugnent, plus encore peut-être que les primes des lois antérieures, à une assimilation au fret.

Une considération générale reste à présenter en faveur de ·notre solution, si l'on considère les trois lois de 1881, 1893 et 1902. Le régime de ces lois ont une base commune, à savoir la réserve, partielle ou totale, aux navires de construction française de la qualité d'acquéreurs, durant une certaine période de leur existence, de primes annuelles décroissantes. Le législateur a protégé les chantiers français en leur permettant de faire payer cette qualité dont il dote les bâtiments qu'ils ont construits. Par suite, la fortune de mer des armateurs de ces navires a été constituée au moyen d'un capital supérieur à celui qu'auraient exposé les propriétaires de navires similaires allemands, ou anglais. Si, à la suite d'un dommage causé par le navire et d'une action en responsabilité, on obligeait ces armateurs à rapporter à la fortune de mer les primes destinées à payer l'excédent de prix du bâtiment et qui sont parfois déléguées, soit au constructeur non payé, soit à un prêteur, on arriverait à un résultat véritablement injuste et choquant.

Quant à la dernière loi sur la marine marchande, celle du 19 avril 1906, elle est fondée sur cette idée qu'il est préférable de renoncer à la liaison des intérêts des deux industries de la construction et de l'armement, et de séparer, au contraire, ces intérêts. Comme le disait l'exposé des motifs qui soumettait le projet de cette loi aux délibérations du Sénat, « la double conséquence de ce principe est, d'une part, l'allocation directe aux constructeurs français d'une prime suffisante pour leur permettre de livrer à l'armement les navires qui lui sont nécessaires au même prix que les constructeurs étrangers; d'autre part, la substitution à la prime de navigation d'une compensation d'armement calculée à un taux très réduit et destinée uniquement à compenser les charges spéciales afférentes à la navigation sous notre pavillon ». Désormais, pour faire cesser une déperdition regrettable des sacrifices consentis par l'État en faveur des industries maritimes, on alloue directement aux constructeurs des sommes qui représentent dans une certaine mesure l'avantage qu'ils avaient précédemment de pouvoir faire payer plus cher aux armateurs français des navires acquéreurs de primes.

Il est manifeste que l'avantage réservé aux constructeurs ne peut être compris dans la fortune de mer exposée par l'armateur. La question ne souffre pas de discussion. Mais il faut retenir la combinaison nouvelle comme élément d'appréciation pour la question posée relativement aux primes des lois antérieures. La loi ramasse en capital et remet directement aux constructeurs ce qu'auparavant ils touchaient de l'armateur, lequel se remboursait sur des primes échelonnées; il apparaît bien que celles-ci devaient ou doivent rester dans la fortune de terre. Quant à la compensation, elle continuera à être calculée par jour d'armement administratif et par tonneau de jauge brute totale. Elle ne saurait être non plus assimilée au fret.

Il était nécessaire d'entrer dans ces développements pour montrer combien il est imprudent de donner en quelques mots, en se fondant simplement sur une interprétation contestable de l'article 216, la solution de la question de savoir si les primes à l'armement doivent être comprises dans la fortune de mer. On voit que, loin d'être simple, la question comporte une analyse minutieuse des lois sur la marine marchande. D'ailleurs, à défaut de cette analyse, une considération générale doit dominer le débat. Il est inadmissible que les sacrifices tout spéciaux faits par la France pour ses industries maritimes profitent d'une manière quelconque aux créances cosmopolites nées des hasards de la lutte commerciale internationale. Qu'on ait pu considérer les primes comme exposées dans l'aventure maritime dans la fortune de mer, c'est une raison de plus pour chercher à bannir l'interprétation de l'article 216 que nous avons combattue.

Les commentateurs ne se sont pas occupés, à notre connaissance, de la question similaire de savoir si les subventions postales doivent être comprises dans le fret à abandonner. Cette question ne mérite pas moins de retenir l'attention. On ne serait pas fondé à la résoudre non plus sans une analyse de la subvention dite postale.

Moyennant celle-ci, l'État obtient les avantages suivants, qui correspondent aux éléments entre lesquels on peut décomposer la subvention :

1° Transport gratuit des dépêches postales et des fonds que le Trésor public expédie d'un point à un autre des lignes concédées; transport de l'agent des postes; transport à prix réduit des fonctionnaires, des armes et des approvisionnements destinés au service de l'Etat.

2° Régularité d'un service utile, soit au commerce national, soit au prestige du pavillon national.

3° Assurance que ce service sera accompli par des paquebots d'une vitesse satisfaisante; cet avantage s'ajoute à celui de la régularité au point de vue commercial, et répond, en outre, à ce que recherche l'État au point de vue militaire.

4° Construction, entretien et mise à la disposition de l'État, en temps de guerre ou en cas d'événements politiques, de navires susceptibles d'être affectés au transport de troupes et susceptibles, en outre, d'être transformés en croiseurs, en raison des aménagements spéciaux exigés dès la construction. La subvention contient ainsi un avantage particulier qui s'est dégagé des autres en Angleterre et a donné lieu à la subvention militaire servie par l'Amirauté en vertu de contrats visant certains paquebots. Toutefois, pour être dans une note complètement exacte, il convient de remarquer que la loi du

17 juillet 1898 est venue donner au Gouvernement français le droit de réquisitionner en tout temps et en tout lieu les navires de commerce, si bien que la part de la subvention postale qui correspond au but militaire n'est plus la représentation du droit de prendre possession des bâtiments suventionnés, mais seulement des obligations spéciales résultant du contrat.

5° Avantage de donner des commandes aux chantiers nationaux. Quand les conventions postales ont obligé les concessionnaires, ce qui est le cas général, à n'employer à l'exploitation des lignes concédées que des navires construits en France, la subvention a fait fonction de prime à la construction nationale dans une mesure variable.

Quand on a ainsi décomposé la subvention, on aperçoit tout de suite que c'est tout au plus le premier des éléments indiqués plus haut qui peut être assimilé à un fret. Mais comment faire une ventilation, et en tout cas, une ventilation serait-elle légitime? Il convient de mentionner ici une décision importante qui montre l'impossibilité de celle-ci.

La question de savoir si la subvention postale de la Compagnie générale Transatlantique pouvait être assimilée au fret s'est posée devant les tribunaux des États-Unis à la suite d'un sinistre célèbre, celui de *la Bourgogne*. La cour de circuit pour les appels a rendu à ce sujet, le 7 juillet 1905, une décision peu connue, qui constitue dans cette matière spéciale un précédent intéressant [1]. Le juge commence par constater que la Compagnie concessionnaire s'est obligée à effectuer entre le Havre et New-York cinquante-deux voyages, aller et retour, par an, avec des paquebots de dimensions et de vitesse déterminées. Puis, il constate que la Compagnie doit transporter gratuitement les dépêches postales et les espèces monnayées

[1]. *United States Circuit Court of appeals, in the matter of the petition of « La Compagnie générale transatlantique », owner of the steam ship « Bourgogne », for limitation of liability* (7 juillet 1905, M. Lacombe, juge).

pour l'État. Il passe en revue les principales clauses du contrat, les pénalités, les dispositions pour le cas de guerre, etc., et il dit : « La compensation pour l'ensemble du service est fixée à 5,480,000 francs, payable par mensualités. Nous sommes d'avis que la subvention ne peut être considérée comme un fret payé pour le transport des dépêches, la cinquante-deuxième partie de l'ensemble étant affectée à chaque voyage. C'est un tout ; c'est une somme globale que le gouvernement français paye afin de provoquer la création et d'assurer le maintien d'une flotte de steamers d'une certaine classe, aucun steamer ne devant être mis en service s'il n'est francisé avant le 22 mai 1883, et chaque nouveau steamer devant être construit en France afin de favoriser l'industrie française. En un sens, on peut dire qu'en accomplissant chaque voyage aller et retour, le steamer gagne une partie de la somme globale, mais on ne saurait dire quelle partie. La subvention ne paye pas seulement les steamers qui font la traversée, mais aussi ceux qui sont en réserve pour prendre leur place en cas d'accident ; d'autre part, en toute circonstance politique extraordinaire, même en dehors du cas de guerre maritime, le droit est réservé au Gouvernement d'acheter ou de louer un ou plusieurs steamers au sujet desquels il y a des prévisions quant à la vitesse, la dimension et la construction. Il semble impossible de dire quelle fraction des 5,480,000 francs doit être considérée comme la compensation donnée à chaque steamer pour le transport des dépêches de New-York au Havre. » Cette décision est très justement motivée. Elle fournit une appréciation judicieuse de la subvention postale et confirme, en termes excellents, la solution d'après laquelle un subside de ce genre n'est pas susceptible d'être compris dans le fret, même pour partie. Du même coup, et par répercussion, elle tend à confirmer la solution analogue qu'il convient de donner en ce qui touche les primes.

§ 6.

La fortune de mer au point de vue économique. — Conséquences de la transformation du matériel naval. — Nécessité de corriger le système de la fortune de mer par une faculté de rachat moyennant un maximum déterminé.

Il ne suffit pas d'avoir montré les inconvénients des controverses auxquelles donne lieu l'article 216 du Code de commerce français et les avantages, soit de l'organisation allemande de la fortune de mer, soit d'une interprétation de la loi française orientée dans le même sens. Il est utile de chercher à nous rendre compte de ce que vaut le système général d'une fortune de mer consistant dans le navire et le fret.

Ce système fait correspondre la responsabilité à la valeur du navire. Par suite, tandis que la responsabilité s'atténue et devient presque nulle pour le propriétaire du navire qui vieillit et se démode, elle croît et devient considérable pour le propriétaire des magnifiques paquebots qui résument en eux les derniers progrès de l'art des constructions navales. Un tel système tend à décourager les armateurs de l'exploitation la plus dispendieuse, de celle pourtant qui est la plus intéressante. Sans doute, les nécessités de la lutte commerciale sont là pour provoquer les perfectionnements coûteux. Malgré tout, il est permis de constater qu'au point de vue économique le système de la fortune de mer est critiquable.

Ses défauts, d'ailleurs, se sont accusés au cours du dix-neuvième siècle. Autrefois, il n'avait pas des conséquences aussi fâcheuses que celles qu'il présente aujourd'hui. Il y avait peu de différence entre les divers navires du commerce au point de vue du coût initial des constructions. De nos jours, au contraire, il y a des écarts considérables entre le coût d'un voilier ou d'un vapeur de charge de la dernière catégorie et celui du paquebot du meilleur type. Si l'on ajoute la différence d'âge à celle de la construction, on constate que le système continental de la fortune de mer aboutit à des disproportions de responsabilités non prévues par les législateurs du commencement du dix-neuvième siècle et qui apparaissent comme énormes, si l'on essaie de les traduire par des chiffres, puisqu'un paquebot neuf peut valoir 800 francs, 1,000 francs, ou même davantage, par tonne, et un vieux cargo-boat ne valoir que le prix de ses matériaux à l'état de démolition.

Mais ces considérations ne suffisent pas pour apprécier ce système dans l'ordre d'idées qui nous occupe. Il faut encore tenir compte des considérations spéciales aux pays qui ont, comme la France, des régimes particuliers d'encouragement à la marine marchande. Chez nous, les navires acquéreurs de primes à la navigation ou de subventions postales ont une valeur supplémentaire qui tient à cette qualité et qui provient du jeu de règles purement nationales. Les contrats postaux, on l'a vu plus haut, subordonnent ordinairement l'octroi de la subvention à la condition que le navire subventionné soit de construction française ; les primes à la navigation ont été réservées, soit en totalité, soit en partie, selon les époques, aux navires construits sur les chantiers français. La construction nationale s'est trouvée ainsi encouragée. Mais, par suite de cette combinaison, le propriétaire d'un navire naviguant sous un régime de ce genre se trouve en général exposé à une responsabilité plus considérable que celle du propriétaire d'un navire étranger similaire. Il subit un accroissement de risques par suite de règles nationales très spéciales. La loi sur la marine marchande du 19 avril 1906 tend à atténuer la conséquence relevée ici, mais celle-ci restera vraie tant qu'il y aura des navires naviguant sous le régime des lois antérieures ou sous celui des contrats postaux auxquels il a été fait allusion.

Sans doute, nous avons admis que, ni la prime, ni la subvention, ne devaient être comprises dans la fortune de mer. Cette solution n'empêche pas que le capital exposé par l'armateur d'un navire subventionné ou primé ne soit en général un capital artificiellement majoré par rapport aux prix des navires sur le marché mondial.

Ces remarques nous amènent à conclure qu'il ne serait pas suffisant d'améliorer la loi française en organisant la fortune de mer à la manière allemande. Il faudrait corriger notre loi et toutes celles qui, comme elles, font correspondre la responsabilité au navire, par l'adjonction d'une autre règle qui consisterait à dire que le patrimoine d'exécution peut être libéré de l'action des créanciers moyennant le payement d'une somme dont la base serait légalement fixée. On aurait ainsi empêché quelques-unes des conséquences singulières que produit le système de la fortune de mer dans les pays qui sont obligés à recourir à des artifices protectionnistes pour soutenir leur marine marchande.

C'est une réforme dans le sens de ces idées qu'a préconisée l'Association française du Droit maritime quand elle a été appelée à coopérer à l'œuvre d'unification de ce droit entreprise par le Comité maritime international. Ceux qui poursuivaient cette œuvre se trouvaient, en ce qui concerne la responsabilité des propriétaires de navires, en présence du système de la responsabilité cantonnée dans le navire et le fret, d'une part, et du système britannique, d'autre part. On connaît ce dernier. La loi anglaise n'a jamais admis que la responsabilité pût disparaître avec le navire et le fret. Après avoir admis seulement que la responsabilité de l'armateur devait être limitée à la valeur du navire et de son fret avant l'accident, elle a déterminé en 1862 cette valeur à 8 livres par tonne et décidé qu'en cas de sinistre dû à une faute, le propriétaire serait personnellement responsable dans cette limite, s'agissant de dommage matériel, et qu'il encourrait une respon-

sabilité supplémentaire de 7 livres en cas de dommage cor-
porel.

De la coexistence de la limite pécuniaire anglaise et de la
règle continentale est née l'idée que l'unification pourrait se
faire par leur superposition. Cette solution n'est pas un résultat factice. Elle naît logiquement de la situation.

En Angleterre comme en France, en effet, le propriétaire
du navire peut être une société à responsabilité limitée dont
tout l'actif consiste précisément dans ce navire; le bâtiment
disparu, les créanciers jusqu'à concurrence de 8 livres par
tonne n'ont en réalité qu'une créance irrécouvrable, tout l'actif du débiteur étant au fond de l'eau. Ils se trouvent justement dans la situation des créanciers d'un navire constitué en patrimoine d'exécution selon les lois du continent.
En définitive, le propriétaire du navire jouit alors du béné-
fice de deux limites et il a l'option entre elles, puisqu'il peut
se dire libéré, si le navire a péri, et qu'il a la faculté, dans
le cas contraire, de conserver son navire en payant 8 livres
par tonne. Si l'on ne peut empêcher le droit commun commercial de faire échec à la règle d'une responsabilité égale à
8 livres par tonne, ne convient-il pas de laisser de côté ce
que cette règle a d'illusoire et de la retenir seulement comme
fournissant un chiffre maximum?

C'est ainsi qu'on est parvenu à proposer un système qui est
fort simple. Il tient dans ces deux idées : 1° détermination
par la loi d'un patrimoine d'exécution; 2° fixation de la
somme moyennant laquelle le propriétaire de ce patrimoine
pourra le racheter et le conserver. C'est le système formulé
par l'Association française du Droit maritime et qui peut s'appeler le système de la fortune de mer constituée en patrimoine d'exécution susceptible de rachat forfaitaire. Conséquence logique de la coexistence des lois en présence, cette
solution est très claire. Au point de vue économique, c'est
une solution de progrès, puisqu'elle favorise les propriétaires

des navires les plus neufs et les mieux construits. Au point
de vue pratique, elle a l'avantage de permettre l'immédiate
libération du navire susceptible d'être arrêté, moyennant la
dation d'une caution dans la limite fixée, et elle supprime les
difficultés que nous avons signalées. Il est inutile d'entrer ici
dans les détails. Il suffit d'avoir indiqué les raisons principales pour lesquelles ce système est susceptible de retenir
l'attention de ceux qui s'occupent de l'industrie maritime et
mérite d'entrer dans notre législation.

René VERNEAUX.

Toulouse, Imp. DOULADOURE-PRIVAT, rue St-Rome, 39. — 5269

www.ingramcontent.com/pod-product-compliance
Lightning Source LLC
Chambersburg PA
CBHW070750220326
41520CB00053B/3804